Rechtsratgeber
für Startup
im Internethandel

Rechtsratgeber für Startup im Internethandel

Rechtliche Grundlagen im Online Marketing

von Rechtsassessor

Dieter Caspar

www.internetrechtakademie.de

Dieter Caspar

Inhaltsverzeichnis

Haftungsausschluss und Copyright

Die in diesem Report dargestellten Informationen wurden sorgfältig ausgewählt und recherchiert. Die allgemeinen Informationen in diesem Report sind jedoch weder dafür vorgesehen noch dazu geeignet, eine individuelle Rechtsberatung unter Berücksichtigung der konkreten Umstände des jeweiligen Einzelfalls zu ersetzen.

Bei der Zusammenstellung des Reports habe ich mich um größtmögliche Sorgfalt bemüht. Dennoch kann ich keinerlei Haftung, aus welchem Rechtsgrund auch immer, für ihre Richtigkeit, Aktualität und Vollständigkeit übernehmen, zumal gerade das Internetrecht ständigen Veränderungen durch Rechtsprechung und dem Gesetzgeber unterliegt.

Für weiterführende und individuelle Informationen können Sie sich gerne mit mir in Verbindung setzen.

Sämtliche Urheberrechte an diesem Report liegen beim Autor.

Vervielfältigungen jeder Art als auch die Aufnahme in andere Online-Diensten und Internet-Angebote oder die Vervielfältigung auf Datenträger dürfen nur nach vorheriger schriftlicher Zustimmung und Genehmigung des Autors erfolgen.

Rechtsassessor Dieter Caspar

Am Dreifaltigkeitskloster 18

47807 Krefeld

E-Mail: info@internetrechtakademie.de

7

Vorwort

Als Unternehmer im Online-Marketing müssen Sie sich auch mit einer ganzen Reihe von rechtlichen Fragen beschäftigen, zumal gerade das Internetrecht eine ständige Veränderung unterworfen ist.

Dieser Ratgeber richtet sich an Unternehmer, die im Online-Marketing und im Internethandel tätig sind. Er will diesen Unternehmer auf rechtliche Fragen zu ihrem Business allgemeine Antwort geben wird.

In diesem Rechtsratgeber werde ich auf zwei wichtige rechtliche Aspekte eingehen. Im ersten Teil behandelt die Impressumspflicht, vor allem die Frage, welche rechtlichen Anforderungen an ein ordnungsgemäßes Impressum auf einer Internet-Präsenz (Webseite, Social Media Portale wie Facebook-Fanseiten) unbedingt erfüllt sein müssen.

Im zweiten Teil geht es dann um das wichtige und viel diskutierte Thema dem Datenschutz. Insbesondere erfahren Sie in diesem Teil, welche Angaben eine ordnungsgemäße Daten-schutz-Erklärung unbedingt erfüllen sollte.

Zur Zeit erstelle ich einen Report als E-Book, der sich vor allem an Gründer und Startup im Online-Business richtet. Dieser Report soll dabei als Checkliste der rechtlichen Aspekte beim Aufbau Ihrer Internetpräsentation dienen. Hier werden rechtliche Fragen zum Domainrecht, Impressum, Datenschutz,

Informationspflichten gerade für Onlinehändler und Online Shop Betreiber behandelt.

Damit ich Sie über die Veröffentlichung informieren kann, tragen Sie sich auf der Seite www.internetrechtakademie.de in meinem Newsletter ein.

Ihre Daten werden selbstverständlich vertraulich behandelt und nicht an Dritte weiter gegeben. Auch können Sie sich jederzeit wieder aus meinem Verteiler austragen.

Über den Autor

Der Autor Jurist Dieter Caspar gehört mittlerweile schon der Generation 50 plus an. Beruflich war er schon in verschiedenen Bereichen tätig. So hat er zunächst nach seiner Schulzeit eine ganz normale klassische Berufsausbildung zum Technischer Zeichner (Maschinen- und Vorrichtungsbau) absolviert und anschließend auch ca. 2 Jahre in diesem Beruf gearbeitet.

Nach seinem Zivildienst im Krankentransport und Rettungsdienst holte er dann auf dem 2.Bildungsweg sein Abitur nach und nahm zunächst ein Studium im Fachbereich Sozialpädagogik auf, welches ich 1982 als Dipl. Sozialpädagoge erfolgreich abgeschlossen hatte.

Im Anschluss absolvierte er ein weiteres Jura-Studium an der Universität Frankfurt/Main, welches er nach anschließender Referendarausbildung 1993 mit dem 2.juristischen Staatsexamen erfolgreich abgeschlossen hatte.

Das juristische Schwerpunktgebiet des Autors liegt auf dem Internetrecht. Seit 2011 ist er selber im Online-Business tätig, mit dem Schwerpunkt gerade Gründer und Startup im Online-Business die rechtlichen Grundlagen für ihr Business zu vermitteln.

Impressumspflicht im Internet

Wer unterliegt der Impressumspflicht?

Zunächst unterliegt jeder Diensteanbieter, der gewerbliche oder geschäftsmäßige Informations- und Kommunikationsdienste anbietet nach dem neuen Telemediengesetz vom 26.02.2007 (TMG) der Impressumspflicht. Das Telemediengesetz spricht hier von Anbieterkennzeichnung. Dabei fallen unter den Begriff „geschäftsmäßig" auch Angebote, die nicht ausschließlich gewerblicher Natur sind.

Impressumspflicht bei privaten Internet-Angeboten

Es stellt sich hier nun die Frage, ob auch private Internetauftritte der Impressumspflicht unterliegen.

In diesem Zusammenhang möchte ich zunächst einmal die Frage stellen, ob es im weltweiten Internet überhaupt private Seite gibt. Das Internet ist nun mal ein öffentliches Medium. Jede Webseite, die im Internet gestellt wird, kann praktisch von jedem Menschen weltweit aufgerufen werden. So gesehen kann es somit begrifflich keine privaten Webseiten im Internet geben. Die oben aufgeworfene Frage ist also dahin gehend zu konkretisieren, ob Webseiten die keinen kommerziellen oder geschäftsmäßigen Zweck verfolgen auch der Impressumspflicht des Telemediengesetzes unterliegen.

Zunächst ist noch zu erwähnen, dass gemäß § 55 RStV (Staatsvertrag über Rundfunk und Telemedien i.d.F. des 15. RÄStV vom 21.12.2010 – im Kraft seit dem 01.01.2013) auch journalistisch-redaktionelle Inhalte der Impressumspflicht unterliegen. Weiter regelt § 55 Abs. 1 RStV nun ausdrücklich, dass Anbieter von Telemedien, die nicht ausschließlich persönlichen oder familiären Zwecken dienen, zumindest ihren Namen und ihre Postanschrift leicht erkennbar anzubringen haben. Diese Informationen müssen zudem unmittelbar erreichbar und ständig verfügbar sein.

Demzufolge sind von dieser Impressumspflicht lediglich solche Telemediendienste ausgenommen, die ausschließlich einem begrenzten familiären und persönlichen Personenkreis zur Verfügung gestellt werden. Dabei muss aber sichergestellt sein (etwa durch einen passwortgeschützten Zugang), dass auch wirklich nur dieser enge Personenkreis Zugang zu diesen Informationen erhält.

Ferner muss auch eine Indizierung dieser Internetpräsenz durch Suchmaschinen (beispielsweise durch einen entsprechenden Eintrag in den Metatags oder in einer robots.txt-Datei) ausgeschlossen werden.

Impressumspflicht für ausländischen Anbieter von Telemedien

Kommen wir nun zu einer weiteren Frage, ob das deutsche Telemedien auch für ausländische Anbieter von Telemedien Anwendung findet.

Zunächst ist festzuhalten, dass die im deutschen Telemediengesetz geregelte Impressumspflicht auf eine EU-Richtlinie begründet ist. Der deutsche Gesetzgeber hat diese EU-Richtlinie nahezu wortgleich mit dem TMG in das deutsche Recht umgesetzt. In allen Mitgliedsstaaten der Europäischen Union finden sich auch Regelungen zur Impressumspficht, die mit dem deutschen Recht nahezu identisch sind.

Weiter ist festzuhalten, dass das deutsche Recht zur Impressumspflicht unabhängig von der Frage, wo der Diensteanbieter seinen Sitz hat, immer dann Anwendung findet, wenn jemand eine Website mit deutschen Inhalten betreibt und mit dieser Website gerade auch den deutschen Markt anspricht.

Dieses gilt völlig unabhängig davon, unter welcher TOP-Level-Domain der Diensteanbieter seine Webseite betreibt. Für die rechtliche Betrachtung spielt es auch keine Rolle, in welchem Land der Server steht, auf dem die Website gehostet wird.

Die Impressumspflicht des § 5 TMG besteht bei einem in deutscher Sprache gehaltenen Angebot auch dann, wenn die Inhalte auf einer .us Domain zu finden sind und der Server sich in den USA befindet. Eine Entscheidung des Obersten Gerichtshof der USA von 1997, wonach eine Impressumspflicht in den USA verfassungswidrig wäre, ist für die deutschen Gerichte nicht bindend, zumal nach deutschem Recht für Abmahnungen einem Wettbewerber der fliegende Gerichtsstand (§ 32 ZPO) zusteht. Hiernach kann ein Wettbewerber, der an einem deutschen Standort einen Verstoß gegen die Impressumspflicht, bei Webangeboten, die sich an den deutschen Markt richtet, einen Unterlassungsanspruch vor einem deutschen Gericht geltend machen.

Zum Inhalt der Impressumsangaben

Das Impressum muss nach einer Grundsatzentscheidung des Bundesgerichtshofs vom 20. Juli 2006 (BGH - I ZR 228/03) so angebracht werden, dass diese Seite grundsätzlich über maximal zwei Klicks von jeder Seite der gesamten Internetpräsenz aus erreichbar ist.

Ferner mussen die Impressumsseite leicht erkennbar, unmittelbar erreichbar und ständig verfügbar gehalten werden. Als Bezeichnung für eine leichte Erkennbarkeit bietet sich Bezeichnungen wie Kontakt oder Impressum an.

Wegen dieser ständigen unmittelbaren Erreichbarkeit der Anbieterkennung sollte die Impressumsseite jedoch nicht als sogenannte „Pop-up-Seite" etwa über eine Java-Script-Funktion aufgerufen werden. Für einen Nutzer, der etwa Java-Script in seinem Browser deaktiviert hat, wäre es demzufolge nicht möglich diese Seite aufzurufen.

Nicht erforderlich ist jedoch, dass die Impressumsseite unter derselben Domain oder beim gleichen Webhoster liegen muss, wie die eigentliche Website. So ist es vollkommen ausreichend, wenn beispielsweise auf einer Verkaufssite ein Link angebracht wird, der dann unmittelbar zur Impressumsseite der (Haupt-)Firmenwebsite führt.

Besteht die Verkaufsite jedoch aus mehreren Seiten (Landingpage, Warenkorb, Bestellseite, Downloadseite, etc.), so ist jedoch der Link zum Impressum auf jeder Seite anzubringen.

Die Inhalte des Impressums im Einzelnen
Welche Informationen Sie im Impressum angeben müssen, ist in § 5 TMG geregelt. Ich werde im Folgenden einzelne Punkte zu diesen Angaben erläutern.

Name und Anschrift des Diensteanbieters

Zunächst müssen Sie Ihren vollständiger Name (Vor- und Familienname) bzw. falls es sich bei Ihrem Unternehmen um eine juristische Person (GmbH, AG, KG, etc.) handelt auch die Rechtsform und die vertretungsberechtigten Personen angeben.

Sofern Ihr Unternehmen im Handelsregister, Vereinsregister, Partnerschaftsregister öder Genossenschaftsregister eingetragen ist, müssen Sie die entsprechende Registernummer angeben. Angaben zum Geschäftskapital sind nur für Kapitalgesellschaften, die nach handelsrechtlichen Vorschriften zur Veröffentlichung ihrer Bilanzen verpflichtet sind von Bedeutung.

Weiter haben Sie eine ladungsfähige Postanschrift, unter der Sie oder eine empfangsberechtige Person ständig erreichbar ist anzugeben. Eine Postfach-Adresse genügt dieser Anforderung nicht, da an einer solchen Postfach-Adresse weder Sie noch eine empfangsberechtige Person ständig erreichbar wären.

Angaben zur schnelle elektronische Kontaktaufnahme

Ferner müssen Sie im Impressum auch Angaben machen, die eine schnelle elektronische Kontaktaufnahme mit Ihnen als Betreiber gewährleisten. Ausdrücklich erwähnt ist hier nur die Angabe der E-Mail-Adresse. Streitig war lange Zeit die Frage, ob hierzu auch die Angabe der Telefonnummer gehört.

Aus der dem TMG zugrunde liegenden EU-Richtlinie ergibt sich lediglich, dass neben der E-Mail-Adresse ein weiterer schneller, unmittelbarer und effizienter Kommunikationsweg zur Verfügung gestellt werden muss.

Nachdem es in der Rechtsprechung und der juristischen Fachliteratur umstritten war, ob eine Telefonnummer für diesen weiteren Kommunikationsweg als Möglichkeit der unmittelbaren Kommunikation im Sinne dieser EU-Richtlinie zwingend angegeben werden muss, hat der EuGH mit Urteil vom 16.10.2009 – Az.: C-298/07 diese Unklarheit beseitigt und eine Telefonnummer nicht unbedingt für zwingend erforderlich gehalten.

Der EuGH begründet diese Entscheidung damit, dass ein Diensteanbieter zwar verpflichtet sei, den Nutzern vor Vertragsschluss mit ihm neben seiner E-Mail-Adresse eine weitere Möglichkeit zur Verfügung zu stellen hat, die eine schnelle Kontaktaufnahme mit ihm und damit eine unmittelbare und effiziente Kommunikation ermöglichen muss.

Diese Informationen müssen jedoch nicht zwingend bei einem Telefongespräch gegeben werden. Derartige Informationen können vom Nutzer auch über eine elektronische Anfragemaske (Kontaktformular) abgefragt werden, woraufhin der Diensteanbieter über seine E-Mail-Adresse antwortet. So gesehen stellt eine solche elektronische Anfragemaske (Kontaktformular) auch ein unmittelbarer und effizienter Kommunikationsweg im Sinne von Art. 5 Abs. 1 Buchst. c der EU-Richtlinie dar, wenn der Diensteanbieter auf Anfragen des Verbrauchers innerhalb angemessener Zeit antwortet.

Was jedoch als angemessene Zeit angesehen wird, ist weiterhin umstritten. So hat das LG Bamberg etwa erst kürzlich entschieden (Urteil vom 23.11.2012 – 1 HK O 29/12), das von einer effizienten Kommunikation dann auszugehen ist, wenn der Diensteanbieter Sicherstellen kann, dass eine Beantwortung. innerhalb von 60 Minuten erfolgen wird.

> Daher mein Tipp:
> Sofern Sie über Angabe Ihrer E-Mail-Adresse und einem Kontaktformular nicht zu 100% sicherstellen können, dass eine schnelle und unmittelbare Kommunikation mit dem Nutzer möglich ist, sollten Sie im Zweifel auch eine Telefonnummer angeben.

Umsatzsteuer-ID und Steuernummer

Kommen wir nun zu einer weiteren Frage, ob auch die Angabe der persönlichen Steuernummer, wie man sie oft auf Impressumsseiten findet, in das Impressum gehört.

Gemäß § 5 Abs.1 Nr. 6 TMG ist lediglich die Rede davon, dass falls vorhanden eine Umsatzsteuer-ID nach § 27a UStG

(Umsatzsteuergesetz) oder eine Wirtschafts-ID nach § 139c AO (Abgabenordnung) anzugeben ist.

Die persönliche Steuernummer hat eigentlich mit der Umsatzsteuer-ID überhaupt nichts gemeinsam. Die persönliche Steuernummer regelt vielmehr das persönliche Steuerverhältnis des Steuerpflichtigen gegenüber dem Finanzamt. Über eine Umsatzsteuerpflicht des Diensteanbieters gibt die persönliche Steuernummer jedoch keine Auskunft. Die Umsatzsteuerpflicht des Diensteanbieters ergibt sich vielmehr aus den Informationen darüber, ob es sich beim Diensteanbieter um einen gewerbetreibenden Unternehmer handelt.
In der Regel sind diese Informationen aus der angegebenen Rechtsform des Diensteanbieters ersichtlich.

Unterliegt der gewerbetreibende Diensteanbieter aufgrund von bestimmten Ausnahmeregelungen nicht der Umsatzsteuerpflicht (etwa bei Kleinunternehmer i.S.d. § 19 UStG) so bedarf es lediglich eines entsprechenden Hinweises hierüber im Impressum.

Fazit: Die persönliche Steuernummer ist für die Angaben im Impressum somit nicht erforderlich. Es empfiehlt sich vielmehr, falls Sie zu einer Personengruppe gehören, die nicht der Umsatzsteuerpflicht unterliegen (beispielsweise Kleinunternehmer) dieses im Impressum anzugeben.

Weitere Pflichtangaben

Die weiteren Pflichtangaben im Impressum gemäß § 5 TMG betreffen besondere Berufsgruppen (Rechtsanwälte, Steuerberater, Ärzte, etc.) und Kapitalgesellschaften. Sofern Sie Dienste im Rahmen einer Tätigkeit anbieten, die der behördlichen Zulassung bedarf müssen Sie Angaben zur zuständigen Aufsichtsbehörde machen. Ferner müssen bestimmte Berufsgruppen wie Rechtsanwälte, Steuerberater, Ärzte, Architekten Angaben

- zur Kammer, welcher der Diensteanbieter angehört, machen,

- die gesetzliche Berufsbezeichnung und den Staat, in dem die Berufsbezeichnung verliehen worden ist sowie

- die Bezeichnung der berufsrechtlichen Regelungen und wie diese zugänglich sind

nennen.

Impressum auf Social Media Plattformen

Die Impressumspflicht gilt auch für die Nutzung in den sozialen Netzwerken (wie beispielsweise Twitter, Facebook, YouTube, etc.), vor allem für solche Nutzer, die ihr Account in diesen sozialen Netzwerken geschäftlich nutzen.

Für die Facebook-Fanseite hat dieses ja bekanntlich das Landgericht Aschaffenburg[1] ausdrücklich bestätigt.

Im Grunde genommen ergibt sich die Impressumspflicht für geschäftlich genutzte Social-Media-Portale jedoch unmittelbar aus dem Telemediengesetz selbst.

In § 5 Abs. 1 S.1 TMG ist ausdrücklich davon die Rede, dass der Diensteanbieter auf allem geschäftsmäßig – in der Regel gegen Entgelt – angebotenen Telemedien eine Anbieterkennung bereitzuhalten hat. So gesehen gilt die Impressumspflicht nicht nur für die geschäftlich genutzte Facebook-Seite, sondern für alle Social-Media-Portalen, die geschäftlich genutzt werden, wie Twitter, Xing, LinkedIn, etc.

Hierbei kommt jedoch die oben bereits erwähnte 2-Klick-Regel des Bundesgerichtshofs zugute, wonach das Impressum über maximal zwei Klicks von jeder Profilseite aus erreichbar sein muss.

Es ist jedoch darauf zuachten, dass das Impressum auch wirklich von jeder Seite des eigenen Accounts aus über maximal zwei Klicks erreichbar ist. Bei einer Facebook-Seite bedeutet dieses,

---

1 LG Aschaffenburg, Urteil v. 19.08.2011, Az. 2 HK O 54/11

dass der Nutzer das Impressum auch dann über maximal 2 Klicks erreichen muss, wenn er sich auf einer Unterseite (also auf einen Seitenreiter) befindet aufrufen kann. Lange Zeit man sich jedoch als deutscher Nutzer einer Facebook Seite unsicher, wo genau diese Impressumsangaben gemacht werden müssen. Mittlerweile hat Facebook jedoch gerade für die deutschen Nutzer eine Lösung abgeboten, und hält seit neuster Zeit einen gesonderten Reiter mit der Bezeichnung "Impressum" bereit, wo die Anbieterkennung untergebracht werden. Diese sollte auf jeden Fall auch genutzt werden. Da jedoch immer noch Unklarheiten bestehen, ob gerade auch auf mobilen Endgeräten, diese Impressumsangaben vollständig angezeigt werden, empfiehlt es sich jedoch zusätzlichen einen Link zur Impressumswebseite zu setzen oder eine spezielle Impressums-App zu verwenden.

Der zusätzliche Link zur Impressumsseite kann etwa in der Infobox auf der Facebook Seite erfolgen, wobei darauf zu achten ist, dieser Link in der Infobox unmittelbar sichtbar und deutlich erkennbar angebracht sein muss. Dieses kann etwa durch die Bezeichnung Impressum und einen Link, der jedoch unmittelbar zur Impressumsseite führt, erfolgen. Ein Link auf die Startseite der eigenen Website, von woraus der Nutzer dann zum Impressum gelangt, ist nicht ausreichend. Jedoch reicht ein Klick auf den Reiter-Link "Info", wo dann die Impressumsangaben gemäß § 5 TMG hinterlegt sind, nicht aus, da die

Rechtssprechung davon ausgeht, dass ein Nutzer hinter der Bezeichnung Info nicht unbedingt vermuten kann, dass sich dort auch die Impressumsangaben befinden.

Eine weitere Möglichkeit für die Impressumsangaben besteht darin, diese in einer gesonderte Impressums-App unter zubringen, welche auf ganz einfach und ohne große Programmierkenntnisse generiert werden kann (z.B. von Juraforum[2]).

---

2 www.facebook.com/yourfans?sk=app_306580426037032

Impressumsangaben im E-Mail Schriftverkehr

Die Impressumspflicht gilt aber nicht nur für die Webseite selbst und die Social-Media-Portale, sondern auch für jede geschäftlich versendete E-Mail, also auch für die Versendung von Newslettern und Maillings.

So gesehen gehört unter jeder E-Mail auch ein Impressum mit allen Pflichtangaben gemäß § 5 TMG.

Es ist zwar grundsätzlich möglich in der Signatur einer E-Mail oder eines Newsletter einen Link zu einer Impressumsseite zu setzen. Jedoch ist darauf zuachten, dass dieser Link dann unmittelbar zum Impressum führen muss. Ein Link lediglich auf die Startseite einer Website, von woraus der Besucher dann zur Impressumsseite klicken kann, ist entsprechend der 2-Klick Regelung des BGHs nicht ausreichend. Mit dem Öffnen die E-Mail selbst wurde der erste Klick ja bereits verbraucht, sodass dem Besucher nur noch ein weiterer Klick zum Impressum zur Verfügung steht.

Rechtsfolgen bei unrichtigem Impressum

Falsche oder fehlende Impressumsangaben können grundsätzlich eine kostenpflichtige Abmahnung und damit verbunden eine strafbewehrte Unterlassungserklärung eines Wettbewerbers auslösen.

Das Fehlen von erforderlichen Angaben gemäß § 5 TMG stellt einen Verstoß gegen eine Marktverhaltensregel im Sinne des § 4 Ziffer 11 UWG dar. Es handelt sich hier um eine Informationspflicht des Anbieters, die er im Geschäftsverkehr gegenüber Verbrauchern zu erfüllen hat.

Der Landgericht Regensburg hat in einem Urteil vom Januar 2013 (Az. 1 HK O 1884/12) gerade in Bezug auf ein fehlendes Impressum auf einer geschäftlich genutzten Facebook-Fanseite, sogar eine Massenabmahnung von 180 Wettbewerbern für zulässig angesehen.

Nach der Begründung des Gerichts soll bei sogenannten Massenabmahnungen dann kein missbräuchliches Verhalten eines Wettbewerbers im Sinne des § 8 Absatz 4 UWG in der Geltendmachung des Unterlassungsanspruches vorliegen, wenn unter Berücksichtigung der gesamten Umstände nicht festzustellen ist, dass das Verhalten des Wettbewerbers ausschließlich dazu dient, gegen den Zuwiderhandelnden einen Anspruch auf Ersatz von Aufwendungen oder Kosten der Rechtsverfolgung entstehen zu lassen.

In diesem zu entscheidenden Fall hat das abmahnende Unternehmen die festgestellten Verstöße gegen die Impressumspflicht auf über 180 Facebook Seiten im Rahmen ihrer normalen geschäftsmäßigen Tätigkeit bei der Entwicklung einer Software für eine Rechtsschutzversicherung festgestellt.

Diese abgemahnten Verstöße wurden im Rahmen einer Überprüfung der Software festgestellt. Die aufgewendete Zeit wurde von der Klägerin als kurz bezeichnet. Die gesamte Arbeit, wie das Durchsuchen von Facebook-Seiten auf fehlerhaftes Impressum und die Kontrolle, ob das Softwareprogramm Probleme gehabt habe oder nicht, einschließlich das Überprüfen von entsprechenden Meldungen habe insgesamt nur einen Tag Arbeit gekostet.

So gesehen kam das Gericht zu dem Ergebnis, dass in der Versendung von Abmahnungen an über 180 Facebook-Seiten Betreiber kein missbräuchliches Verhalten vorgelegen habe.

Datenschutzrechtliche Informationspflichten

Das Thema Datenschutz, speziell der Umgang mit personenbezogenen Daten der Nutzer, ist gerade im modernen Online-Marketing ein weiteres wichtiges Thema.

Außerdem kommt dem Datenschutz gerade in Deutschland eine besondere Bedeutung. Das Bundesverfassungsgericht hat im Volkszählungsurteil[3] zum Ausdruck gebracht, dass gerade unter den Bedingungen der modernen Datenverarbeitung der Schutz des Einzelnen gegen eine unbegrenzte Erhebung, Speicherung, Verwendung und Weitergabe seiner persönlichen Daten von dem allgemeinen Persönlichkeitsrecht aus Art. 2 Abs. 1 GG in Verbindung mit Art. 1 Abs. 1 GG umfassend geschützt ist.

Anlass für dieses Urteil war eine im Jahre 1983 geplante Volkszählung in Deutschland, welche aber aufgrund dieses Urteils erst im Jahre 1987 in geänderter Form durchgeführt wurde.

Nach diesem Grundsatzurteil hat das Recht auf informationeller Selbstbestimmung des Einzelnen somit Verfassungsrang. Dieses Grundrecht gewährt dem Einzelnen die Befugnis, grundsätzlich selbst über die Preisgabe und die Verwendung seiner persönlichen Daten zu entscheiden.

---

3 BVerfG, Urteil v. 15.12.1983 - Volkszählungsurteil - Recht auf informationelle Selbstbestimmung, veröffentlich in BVerfGE 65, 1

So ist im Bundesdatenschutzgesetz (BDSG) nun ausdrücklich geregelt, dass die Erhebung, Verarbeitung und Nutzung personenbezogener Daten nur zulässig ist, wenn, eine gesetzliche Regelung für die Verwendung von personenbezogenen Daten besteht oder soweit der Nutzer ausdrücklich seine Einwilligung in die Verwendung seiner Daten erteilt hat, und die Verwendung dieser Daten für die Begründung und Durchführung oder Beendigung eines Nutzungsverhältnisses erforderlich ist (vergleiche §§ 4, 28 BDSG).

Auch sieht § 13 TMG vor, dass der Besucher einer Internetseite konkret darüber informiert werden muss, welche Informationen über ihn erhoben und verwendet werden. Diese Informationen sollen den Nutzer in die Lage versetzen, sein Verhalten entsprechend dieser Information auszurichten und ihm auch eine Widerrufsmöglichkeit geben.

Der Besucher einer Webseite ist somit konkret über den Zweck, die Art und den Umfang der Verwendung seiner personenbezogenen Daten sowie auch darüber zu informieren, wer diese Daten erhebt. Aus diesen Informationen muss der Nutzer erkennen können, zu welchem Zweck er seine Daten mitteilt und was mit diesen Daten geschieht.

Der Diensteanbieter muss den Besucher von daher bereits zu Beginn des Nutzungsverhältnisses über Art, Umfang und Zwecke der Erhebung und Verwendung seiner personenbezogenen Daten sowie auch über die Verarbeitung in Staaten außerhalb der Europäischen Gemeinschaft in allgemein verständlicher Form unterrichten. Diese Informationen müssen für den Besucher ferner jederzeit abrufbar sein.

Bei der Einwilligung muss durch den Diensteanbieter sichergestellt werden, dass der Nutzer

- seine Einwilligung bewusst und eindeutig erteilt hat,
- die Einwilligung protokolliert wird,
- der Nutzer den Inhalt der Einwilligung jederzeit abrufen kann und
- der Nutzer die Einwilligung jederzeit mit Wirkung für die Zukunft widerrufen kann.

Sofern Sie auf Ihrer Webseite persönliche Daten Ihrer Besucher erheben, ist eine Datenschutz-Erklärung also zwingend vorgeschrieben. Eine solche Datenschutz-Erklärung kann zwar gründlich auch auf der Impressumsseite angebracht werden.

Wegen der leichten Erkennbarkeit auf einen solchen Hinweis empfiehlt sich jedoch hier eine gesonderte Seite anzulegen, die deutlich als Datenschutz-Erklärung gekennzeichnet ist.

Für Online-Unternehmen, die auch im Social Media Marketing und im E-Mail Marketing tätig sind, ergeben sich somit folgende Informationspflichten im Hinblick auf den Datenschutz.

Angaben bei Bestellungen

Sofern persönliche Daten wie E-Mail-Adresse oder Anschriften der Kunden für die Abwicklung einer Bestellung verwendet werden, ist der Nutzer daraufhin zuweisen, dass diese Daten ausschließlich zur Abwicklung sieser Bestellung erforderlich sind und nur zu diesem Zweck verwendet werden.

Angaben im E-Mail Marketing

Für die Eintragung in eine Mailing- oder Newsletter-Liste ist grundsätzlich die ausdrückliche Einwilligung des Nutzers erforderlich. Danach muss der Nutzer bevor er vom Diensteanbieter per E-Mail kontaktiert werden kann oder ihm Newsletter zugesendet werden ausdrücklich sein Einverständnis dafür geben, dass Sie ihm Mailings oder Newsletter zusenden dürfen (vgl. § 7 Abs. 2 Nr. 3 UWG).

Nach einer Entscheidung des BGH vom 20. Mai 2009[4] gilt dieses schon für den einmaligen Versand einer einzigen Werbe-E-Mail. Eine rechtssichere Gestaltung dieser ausdrücklichen Einwilligungserklärung ist meiner Meinung nach, ausschließlich durch das sogenannte Double-Opt-in

---

4 BGH vom 20. Mai 2009 (Az.: I ZR 218/07)

Verfahren gewährleistet. Obwohl das Double-Opt-In gesetzlich nicht ausdrücklich vorgeschrieben ist, hat sich dieses Verfahren in der Praxis jedoch auch sehr gut bewährt, da hier der Nutzer nach Eintragung seiner E-Mail in einem Eintragungsformular (beispielsweise auf der Webseite oder einer Squeeze-Page) zunächst eine reine Bestätigungsmail an seine persönliche E-Mail-Adresse erhält, wo er nochmals ausdrücklich bestätigen muss, dass er persönlich die Informationen angefordert hat.

Diese Bestätigungsmail darf jedoch noch keine direkte oder indirekte Werbung enthalten. Sie dient ausschließlich dem Zweck, der ausdrücklich Bestätigung der Einwilligung für den Versand von Mailings oder Newslettern. Nur so ist gewährleistet, dass auch wirklich der Nutzer persönlich die Einwilligung erteilt hat und die E-Mail-Adresse nicht in missbräuchlicher Weise von einem Dritten benutzt wurde.

Diese Einwilligungserklärung muss ferner auch in jedem Fall zu Beweiszwecken genauestens zu protokolliert werden. Auch aus diesem Grund bietet sich das erwähnte Double-Opt-In Verfahrens geradezu an, da der Nutzer in der Bestätigungsmail auf einen Link klicken muss. Gerade nach dem umstrittenen Urteil des OLG München ist auf jeden Fall darauf zuachten, dass das Bestätigen dieses Links auch protokolliert wird. Mehr zu diesem umstrittenen Urteil des OLG München finden Sie in meinem Blog[5].

Des Weiteren sind bei der Eintragung in einen E-Mail Verteiler nur solchen Daten abzufragen, die unbedingt erforderlich sind, um dem Empfänger, die gewünschte Informationen zukommen zulassen. Bei einem Newsletter Versand handelt es sich schließlich um einen Teledienst im Sinne des Telemediengesetzes. Der Diensteanbieter und damit der E-Mail Versender ist daher verpflichtet, die Nutzung des Dienstes anonym zu ermöglichen, soweit dies technisch möglich und zumutbar ist (§ 13 Abs. 6 Satz 1 TMG). Daher muss dem Nutzer grundsätzlich die Möglichkeit eingeräumt werden, den Newsletter allein durch die Eingabe seiner E-Mail-Adresse zu erhalten. Daher wäre allenfalls neben der zwingenden E-Mail-Adresse noch optionalerweise der Vorname abzufragen. Die Abfrage von weiteren als zwingend gekennzeichneten personenbezogenen Daten sind auf jeden Fall unzulässig.

Werden weitere Daten abgefragt, ist der Interessent auf jeden Fall daraufhin zuweisen, dass es sich bei diesen weiteren Informationen um freiwillige Angaben handelt, und er die angeforderten Information auch nur bei Angabe einer gültigen E-Mail-Adresse erhält.

---

5 www.internetrechtakademie.de/double-opt-in/

Ferner ist ein Newsletter oder ein Mailing ein eigenständigen Telemediendienst, sodass in jeder zugestellten E-Mail auch ein ordnungsgemäßes Impressum gem. § 5 TMG enthalten sein muss, wie oben bereits erwähnt.

Auch müssen Sie den Nutzer darüber informieren, bei welchen E-Mail Anbieter die Daten des Nutzers gespeichert werden. Ferner auch darüber, dass diese Daten nicht in unzulässiger Weise (beispielsweise Adresshandel) weitergegeben werden und, dass der Nutzer jederzeit die Möglichkeit hat, sich aus dem E-Mail-Verteiler wieder auszutragen.

Verwendung von Cookies und Webanalysediensten

Sofern Sie allgemeine Cookies auf Ihrer Webseite verwenden, muss der Nutzer auch hierüber informiert werden und dass er in seinem Browser die Möglichkeit hat, diese zu deaktivieren mit dem Hinweis, dass er in diesem Fall nicht alle Funktionen Ihrer Internetseiten in vollem Umfang nutzen kann.

Ein Cookie (auch „Keks" oder „magisches Plätzchen" genannt) ist eine Textdatei, die auf dem Computer des Nutzers gespeichert wird. Sie enthält Daten über die besuchte Webseiten, die die Browser-Software beim Surfen im Internet automatisch auf dem Computer des Nutzers speichert. Für den Nutzer dient ein Cookie dazu, dass er sich beim wiederholten Besuch beispielsweise auf eine Log-in-Seite nicht erneut anmelden muss. Das Cookie teilt dem Besucher mit, dass er diese Seite schon einmal besucht hat.

In diesem Zusammen ist es auch wichtig zu erwähnen, dass wenn Sie einen Webanalysedienst (wie beispielsweise Google Analytics) benutzen, Ihre Besucher auch darüber informieren müssen, welchen Webanalysedienst Sie benutzen und welche Daten des Benutzers dabei gespeichert werden.

Mein Tipp zu Google Analytics:

Da die Rechtssprechung zu solchen Analysetools verlangt, dass bei der Erhebung von personenbezogenen Daten zu statistischen Zwecken sichergestellt werden muss, dass die Auswertung einer solchen statistischen Erhebung keine Rückschlüsse auf einen bestimmten Nutzer zulassen darf, sollte beim Einsatz von Goggle Analytics die IP-Adresse des Nutzer nur in anonymisierter Form übertragen werden. Hierzu bietet Google bei seinem Analytik-Dienst (Google Analytics) dem Betreiber der Webseite die Möglichkeit an, dem Analytics-Code insoweit zu ergänzen, dass die IP-Adresse des Besuchers anonymisiert wird. Diese Anonymisierung der IP-Adresse entspricht den Empfehlungen, welche die Aufsichtsbehörden für den Datenschutz im nicht-öffentlichen Bereich nun auf der Grundlage der im November 2009 vom Düsseldorfer Kreise beschlossenen Eckpunkte zum datenschutzkonformen Umgang mit Webanalysetools beschlossen haben.

Von dieser Anonymisierungsmöglichkeit der IP-Adresse ist daher unbedingt gebraucht zu machen[6].

Verwendung von Social-Buttons

Sofern Sie sogenannte Share-Buttons der Social Media Portalen, wie den „like"-Button von Facebook, Twitter, Google „+1", etc. verwenden, müssen Sie auch hier auf eine Übertragung an die entsprechenden Plattformen hinweisen. Im Hinblick auf die noch nicht abgeschlossene Diskussion über die Verwendung dieser Social-Buttons empfehle ich die Verwendung des datenschutzkonformen "Zwei-Klick-Button"[7].

Auskunftsanspruch

Abschließend sei noch erwähnt, dass Sie dem Nutzer auf sein Verlangen Auskunft bezüglich seiner personenbezogenen gespeicherten Daten, einschließlich deren Herkunft und an welche Empfänger sowie zu welchem Zweck die Speicherung erfolgte, erteilen müssen (§ 34 BDSG). Hier müssen Sie mitteilen, an, wen der Nutzer sein Auskunftsersuchen richten kann.

---

6   siehe hierzu auch meinen Blog-Beitrag:
    www.internetrechtakademie.de/google-analytics/

7   siehe www.internetrechtakademie.de/alternative-zum-facebook-like-button/

Anhang: Muster einer Datenschutz-Erklärung

Damit Sie nun auch einen Einblick bekommen, wie eine solche Datenschutzerklärung in der Praxis umgesetzt werden kann stelle ich nachfolgend nun noch eine Muster-Datenschutzerklärung zur Verfügung.

Gerne dürfen Sie diese Datenschutzerklärung für ihr Projekt selber verwenden. Beachten Sie jedoch, dass Sie diese Mustervorlage auf ihre individuelle Situation anpassen müssen. Wenn Sie also beispielsweise einen anderen Webanalysedienst als Google Analytics verwenden, müssen Sie an der Stelle den Datenschutzhinweis Ihres Anbieters einsetzen.

Muster Datenschutzerklärung

Der Datenschutz ist für uns sehr wichtig. Wir behandeln Ihre Informationen, die Sie an uns übermitteln, immer vertraulich und werde diese selbstverständlich niemals verkaufen, vermieten oder in sonstiger Weise Dritten zugänglich machen.

Persönliche Daten wie Ihre E-Mail-Adresse oder Ihre Anschrift verwende wir ausschließlich, um Ihre Bestellung abzuwickeln und um unsere Dienstleistungen korrekt für Sie erbringen zu können. Dabei beachten wir alle gesetzlichen Vorschriften, insbesondere die Vorschriften des Bundesdatenschutzgesetzes und des Telemediengesetzes.

E-Mail-Adressen und sonstige persönliche Daten

Wir nutzen für unser E-Mail-Marketing den Service von [hier Ihren E-Mail Dienstleistungsanbieter eintragen!]. Ihre E-Mail-Adresse, Ihr Name und alle übrigen Informationen, die wir an das E-Mail-Marketing-System von [hier Ihren E-Mail Dienstleistungsanbieter eintragen!] übertragen werden, werden ebenfalls unter strengsten Sicherheitsvorkehrungen gespeichert.

Es ist für uns selbstverständlich, dass Ihre E-Mail-Adressen und sonstige persönliche Daten vertraulich behandelt werden. Unter keinen Umständen verkaufen oder vermieten wir diese, und machen sie auch nicht in sonstigen Weise Dritten zugänglich.

Wir senden Ihnen nur relevante Informationen zu Themen [hier Thema]. Jede E-Mail, die Sie von uns erhalten, enthält am Ende einen Link, über den Sie sich durch einen einfachen Klick jederzeit aus unserem Verteiler austragen können.

Wir möchten nur an solche Leserinnen und Leser Informationen per E-Mail schicken, die sich für unsere Inhalte interessieren. Aus diesem Grund löschen wir auch die E-Mail-Adressen von Empfängern aus unserem Verteiler, die unsere E-Mails über einen längeren Zeitraum nicht geöffnet haben.

Cookies

Unsere Internetseiten verwenden an mehreren Stellen sogenannte Cookies. Sie dienen dazu, unser Angebot nutzerfreundlicher, effektiver und sicherer zu machen. Cookies sind kleine Textdateien, die auf Ihrem Rechner abgelegt werden und die Ihr Browser speichert. Sie können in Ihrem Webbrowser jederzeit festlegen, wie Sie Cookies benutzen möchten. Sie können beispielsweise verhindern, dass unsere Internetseite auf Ihrem Computer Cookies speichert.

Zudem können Sie die auf Ihrem Computer im Zug Ihrer Besuche unserer Internetseite abgelegten Cookies jederzeit selber löschen. Wir möchten Sie jedoch darauf hinweisen, dass Sie in diesem Fall nicht alle Funktionen unserer Internetseiten in vollem Umfang nutzen können. Cookies richten auf Ihrem Rechner keinen Schaden an und enthalten keine Viren.

Google Analytics-Cookies

Diese Website benutzt Google Analytics, einen Webanalysedienst der Google Inc. („Google"). Google Analytics verwendet sog. „Cookies", Textdateien, die auf Ihrem Computer gespeichert werden und die eine Analyse der Benutzung der Website durch Sie ermöglichen. Die durch den Cookie erzeugten Informationen über Ihre Benutzung dieser Website werden in der

Regel an einen Server von Google in den USA übertragen und dort gespeichert. Im Falle der Aktivierung der IP-Anonymisierung auf dieser Webseite wird Ihre IP-Adresse von Google jedoch innerhalb von Mitgliedstaaten der Europäischen Union oder in anderen Vertragsstaaten des Abkommens über den Europäischen Wirtschaftsraum zuvor gekürzt. Nur in Ausnahmefällen wird die volle IP-Adresse an einen Server von Google in den USA übertragen und dort gekürzt.

Im Auftrag des Betreibers dieser Website wird Google diese Informationen benutzen, um Ihre Nutzung der Website auszuwerten, um Reports über die Webseitenaktivitäten zusammenzustellen und um weitere mit der Webseitennutzung und der Internetnutzung verbundene Dienstleistungen gegenüber dem Websitebetreiber zu erbringen. Die im Rahmen von Google Analytics von Ihrem Browser übermittelte IP-Adresse wird nicht mit anderen Daten von Google zusammengeführt.

Sie können die Speicherung der Cookies durch eine entsprechende Einstellung Ihrer Browser-Software verhindern. Wir weisen Sie jedoch darauf hin, dass Sie in diesem Fall gegebenenfalls nicht sämtliche Funktionen dieser Website vollumfänglich werden nutzen können. Sie können darüber hinaus die Erfassung der durch das Cookie erzeugten und auf Ihre Nutzung der Website bezogenen Daten (inkl. Ihrer IP-Adresse) an Google sowie die Verarbeitung dieser Daten durch Google verhindern, indem sie das unter dem folgenden Link

verfügbare Browser-Plug-in herunterladen und installieren:
http://tools.google.com/dlpage/gaoptout?hl=de
Wir möchten Sie noch darauf hinweisen, dass wir auf unseren
Webseiten den Google Analytics Code um die Code-Zeile
„gat._anonymizeIp();" erweitert haben. Hierdurch ist eine
anonymisierte Erfassung Ihre IP-Adressen zu gewährleistet.
Durch diesen Code ist lediglich eine grobe Lokalisierung Ihres
Rechnerstandortes möglich; dies wird jedoch von den deutschen
Datenschutzbehörden anerkannt und akzeptiert.

Durch die Nutzung dieser Website erklären Sie sich mit der
Verarbeitung der über Sie erhobenen Daten durch Google in der
zuvor beschriebenen Art und Weise und zu dem zuvor benannten
Zweck einverstanden.

Mehr Informationen zu der von Google eingesetzten
Technologie finden sie unter www.google.com/analytics.

Datenschutzerklärung für die Nutzung von Facebook-Plug-ins
(Like-Button) sowie der Google „+1"-Schaltfläche
Auf unseren Internetseiten sind Plug-ins des sozialen Netzwerks
Facebook, 1601 South California Avenue, Palo Alto, CA 94304,
USA integriert. Die Facebook-Plug-ins erkennen Sie an dem
Facebook-Logo oder dem "Like-Button" ("Gefällt mir") auf
unseren Seiten.

Wenn Sie unsere Seiten besuchen, wird über das Plug-in eine direkte Verbindung zwischen Ihrem Browser und dem Facebook-Server hergestellt. Facebook erhält dadurch die Information, dass Sie mit der IP-Adresse Ihres Computers unsere Seite besucht haben.

Wenn Sie den Facebook „Like-Button" anklicken, während Sie in Ihrem Facebook-Account eingeloggt sind, können Sie die Inhalte unserer Seiten auf Ihrem Facebook-Profil verlinken. Dadurch kann Facebook den Besuch unserer Internetseiten Ihrem Benutzerkonto zuordnen.

Wir weisen darauf hin, dass wir als Betreiber der Internetseiten keine Kenntnis vom Inhalt der übermittelten Daten sowie deren Nutzung durch Facebook erhalten.

Weitere Informationen hierzu finden Sie in der Datenschutzerklärung von Facebook unter
http://de-de.facebook.com/policy.php

Wenn Sie nicht wünschen, das Facebook den Besuch unserer Internetseiten Ihrem Facebook-Nutzerkonto zuordnen kann, loggen Sie sich bitte aus Ihrem Facebook-Benutzerkonto aus.

Ferner verwende wir auf unseren Webseiten die „+1"-Schaltfläche des sozialen Netzwerkes Google+ (Google Plus) der Google Inc., 1600 Amphitheatre Parkway, Mountain View,

Kalifornien, 94043 USA, (nachfolgend „Google").

Bei jedem Aufruf einer unserer Webseiten, die mit einer „+1"-Schaltfläche versehen ist, veranlasst die „+1"-Schaltfläche, dass der von Ihnen verwendete Browser die optische Darstellung der „+1"-Schaltfläche vom Google-Server lädt und darstellt. Dabei wird dem Google-Server mitgeteilt, welche bestimmte Webseite unserer Internetpräsenz Sie gerade besuchen.

Google protokolliert Ihren Browserverlauf beim Anzeigen einer „+1"-Schaltfläche für die Dauer von bis zu zwei Wochen zu Systemwartungs- und Fehlerbehebungszwecken. Eine weitergehende Auswertung Ihres Besuchs einer Webseite unserer Internetpräsenz mit einer „+1"-Schaltfläche erfolgt nicht.

Wir verwenden jedoch als share-Button die von heise online entwickelten datenschutzkonformen 2-Klick-Buttons. Bei diesen Buttons aktivieren Sie mit dem ersten Klick zunächst den entsprechenden Button, sodass erst ab diesem Zeitpunkt Daten an das entsprechende Netzwerk übertragen werden. Dieser 2-Klick-Button wird von den deutschen Datenschutzbehörden anerkannt und akzeptiert.

Auskunftsrecht

Sie können jederzeit Auskunft über die bezüglich Ihrer Person gespeicherten Daten, deren Herkunft und Empfänger sowie den Zweck der Speicherung verlangen.

Falls Sie Auskunft über Ihre gespeicherten personenbezogenen Daten benötigen oder erhalten wollen, wenden Sie sich bitte an die folgende Adresse. Die Auskunft kann auch elektronisch erteilt werden.

[Ihre Adresse hier eintragen, über welchen Weg der Nutzer ein schriftliches Auskunftsersuchen anfordern kann (E-Mail, Fax oder Postweg).]

www.ingramcontent.com/pod-product-compliance
Lightning Source LLC
Chambersburg PA
CBHW021417170526
45164CB00002B/683